# EINS MIT DEM WIND

GÜNTER KOZENY

# EINS MIT DEM WIND

## FASZINATION BALLONFAHREN

EINS MIT DEM WIND

**FEUER**  *Die Seele des Ballons*

© 1999 F. A. Herbig Verlagsbuchhandlung, München
Alle Rechte vorbehalten
Fotografie, Konzeption, Text und Gestaltung: Günter Kozeny

Einscannen der Bilder und Speicherung auf elektronische
Datenträger jedweder Art ist nicht gestattet

Druck: Jos. C. Huber KG, Dießen
Bindung: R. Oldenbourg, Grafische Betriebe, München

ISBN 3-7766-2114-1

EINS MIT DEM WIND

INHALT

**EINS MIT DEM WIND**
*In die Welt der Ballone*
6

**WIND, SAND UND STEINE**
*Montgolfiade du Sahara · Tunesien*
54

**THERE IS HOPE!**
*The Sligo Balloon Fiesta · Irland*
88

**MITEINANDER**
*Fallschirm · Gleitschirm · Drachen*
112

**WINTERBALLOONING**
*In vier Stunden über die Alpen*
138

# Eins mit dem Wind

■■■ Warum gibt es im Jet-Zeitalter Menschen, die sich mit einem Vehikel der Luft anvertrauen, das seit seinem ersten Aufstieg 1783 im wesentlichen unverändert geblieben ist? Mit dem man zwar von A nach B kommt, aber nie weiß, wo B sein wird – zumindest nicht so genau. Trotzdem erlebt das Ballonfahren in unseren Tagen einen Boom. Reine Nostalgie? Oder symbolisiert die Ballonfahrt etwas, das uns in unserer hektischen Zeit zunehmend abhanden kommt? Ist es die Wiederentdeckung der Beschaulichkeit, eines Gefühls für die Natur und ihre Rätsel? Ist es die Lust am Loslassenkönnen – die Einsicht, daß Harmonie mit der Umwelt nicht durch den Einsatz hochkomplizierter Technik ›herstellbar‹ ist? Es mag viele Gründe geben. Fest steht jedoch: Ballonfahren bleibt immer ein kleines, manchmal auch ein großes Abenteuer. Und es ist heute noch genauso faszinierend wie vor zweihundert Jahren. Verändert hat sich jedoch der Sicherheitsstandard, der dem hohen Niveau der Allgemeinen Luftfahrt entspricht. Vorbei auch die elitäre Exklusivität früherer Jahre; Ballonfahren wurde der Allgemeinheit zugänglich gemacht. ■■■ Mancher, der in einem Passagierflugzeug sitzt und durch die winzigen Fenster blickt, wünscht sich, mal da draußen zu sein, als Teil der Luft, draußen im Blau – über den Wolken. Durch nichts eingeengt, völlig losgelöst schweben im unendlichen Raum. Eine Vorstellung, die etwas Traumhaftes hat. Ohne technische Hilfsmittel wird sie immer ein Traum bleiben. Mit Hilfe eines Ballons aber können wir ihr näher kommen. Wir müssen uns nur einlassen auf dieses Abenteuer. Ballonfahren ist nicht Fliegen – es ist die andere Art, sich in die Luft zu begeben. Ein einfaches Prinzip: Warme Luft ist leichter als kalte und steigt deshalb. Jetzt gilt es nur noch, diese warme Luft einzufangen, zusammenzuhalten in einer Hülle aus Nylon, sie so lange weiter zu erhitzen, bis sie in der Lage ist, einen Korb samt Brennstoff und Passagieren in die Luft zu heben. Wird weiter geheizt, steigt der Ballon, kühlt die Luft in der Hülle ab, geht's wieder nach unten. Klingt einfach und plausibel, hat nur einen kleinen Haken: Es ist alles, was ein Ballon an direkten Steuerungsmöglichkeiten hat. Wenig, aber trotzdem genug, denn die Erfinder hatten ihr Ziel erreicht. Sie hatten das Tor zum Luftraum aufgestoßen.

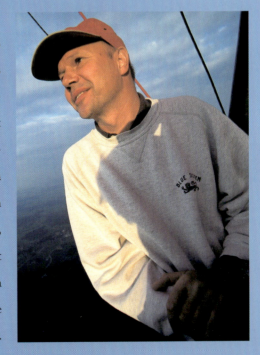

## EINS MIT DEM WIND

Uns reicht es aber nicht, nur in der Luft zu sein – wir wollen unseren Horizont erweitern. Und auch wieder heil zur Erde zurückkommen. Doch wie soll das funktionieren, wenn wir weder links oder rechts steuern können, um einem Hindernis auszuweichen? Ballonfahrer können Richtungsänderungen nicht erzwingen, und gerade das macht die Sache so spannend: Um ihr Ziel zu erreichen, müssen sie die Natur verstehen, die Gesetzmäßigkeiten kennen, von denen Richtung und Stärke des Windes abhängen. Denn weil er in verschiedenen Höhen aus unterschiedlichen Richtungen bläst, gilt es, sich diesen Umstand zunutze zu machen. Indem der Pilot die jeweils günstige Höhe für die gewünschte Flugrichtung herausfindet, kann er den Ballon zu einem gewissen Grad steuern. Er muß nur den ›richtigen‹ Wind finden. ■■■ Wind gehört zum Ballonfahren, er ist der ›Motor‹. Zu schwacher Wind schafft keinen Aktionsradius – zuviel Wind läßt uns nicht in die Luft kommen, geschweige denn heil wieder runter. Auch vertikale Strömungen wollen beachtet sein, besonders solche, die durch die Erwärmung der Erdoberfläche entstehen: Thermik. Kleinräumige, schnell steigende und fallende Luftmassen machen es schwierig bis unmöglich, einen Ballon in der gewünschten Höhe zu halten. Dann wird die Sache ungemütlich. Deshalb sind Ballone im Sommer am frühen Morgen und am Abend in der Luft, in der thermiklosen Zeit, im Winter den ganzen Tag über. Zwar ist Ballonfahren prinzipiell fast immer möglich, die Ausnahmen sind jedoch zu respektieren. Einengung? Doch keine grenzenlose Freiheit? Freiheit setzt ein Bewußtsein der Grenzen

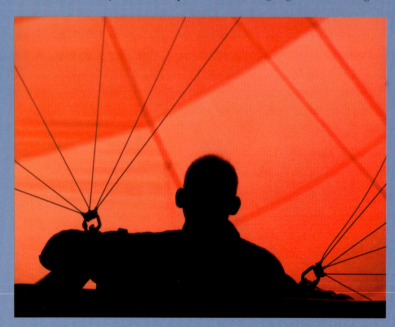

voraus; selbst in ihrer Überwindung werden sie mitgedacht. Diejenigen, die uns die Natur beim Ballonfahren vor Augen hält, lassen genügend Spielraum für luftige Abenteuer. Ob in großer Höhe gefahren wird, mit atemberaubendem Panoramablick auf die Alpen, oder in geringer Höhe über eine Stadt – immer gibt es Neues zu entdecken, werden aus erhöhter Position Einblicke gewährt, die nur dem ›Luftmenschen‹ zuteil werden. Und es bleibt Zeit zum Betrachten, zum Auf-sich-wirken-lassen. Der Blick über den Korbrand in die Tiefe ist vergleichbar mit dem Blick von einem hohen Turm – mit dem Unterschied, daß sich jenes unangenehme

EINS MIT DEM WIND

Kribbeln oder Schwindelgefühl nicht einstellt, das uns dort schon mal befällt. Liegt es daran, daß wir uns als Teil des Ballons empfinden? Der Ballon ist Teil des Windes geworden, in dem Moment, wo er die Erde verlassen hat. Und mit ihm auch wir. Nur wenn wir uns gar nicht, schneller oder langsamer oder in eine andere Richtung bewegen als der Wind, nehmen wir ihn war. Nur solange wir ihm Widerstand bieten. Beim Ballonfahren ist diese Differenz aufgehoben: Wir sind eins mit dem Wind. ■■■ Weil wir den Wind nicht spüren, können wir in großer Höhe, wenn sich unser Schatten am Boden aufgelöst hat, schwer einschätzen, ob wir uns wirklich bewegen. Ein Satelliten-Navigationsinstrument, GPS genannt, verrät jedoch unbestechlich Richtung und Geschwindigkeit über Grund. Ein Höhenmesser und ein Variometer, das anzeigt, wie schnell der Ballon steigt oder sinkt, sind außer einer Tankuhr an den Gasflaschen schon alles, was der Ballonpilot an technischen Hilfsmitteln braucht. Technik ist wichtig und gibt Sicherheit, doch letztlich ist es das Gefühl des Ballonfahrers für sein Gefährt, das Gespür für Wind- und Wettersituationen, das eine gelungene Fahrt garantiert. ■■■ Bei jedem Start vollzieht sich eine Metamorphose: Bunte Stoffbahnen verwandeln sich durch erhitzte Luft in ein Vehikel, das nicht nur durch die Luft fährt, sondern auch größtenteils aus ihr besteht: in ein ›Luftfahrzeug‹. Doch warum muß ein Ballon immer rund sein? Kann man heiße Luft nicht auch anders ›verpacken‹? Kann man. Einige Ballonfreaks lassen ihrer Phantasie bei der Gestaltung von Sonderformen nur durch die Physik Grenzen setzen. So ist die Welt der Ballone von lustigen Pinguinen bevölkert, von Eistüten und Erdbeeren, ›schweren‹ Lokomotiven, Fabeltieren und vielem mehr – zur Freude der Zuschauer bei Ballontreffen. ■■■ Dieses Buch will keine Einführung in die Kunst des Ballonfahrens sein. Die Bilder sollen jedoch bei allen, die schon mal in einem Korb gestanden haben, Erinnerungen wachhalten an ein wunderbares Erlebnis. Allen anderen, die bisher nur davon träumen, soll es ein Anstoß sein, es selbst zu wagen. Abstand gewinnen vom Erdenalltag – einfach loslassen, abheben und einswerden mit dem Wind… ■■■

EINS MIT DEM WIND

**STADTFAHRT** *München*

*10 / 11* **SEHNSUCHT NACH WEITE** *Oberbayern*

EINS MIT DEM WIND

**STADTFLUCHT** *Speicherseen, München*

14 / 15  **ALPENKULISSE** *Am Chiemsee, Oberbayern*

EINS MIT DEM WIND

**IN DEN ABEND HINEIN** *Schwäbisch Hall*

EINS MIT DEM WIND

**HAPPY LANDING** *Antholing, Oberbayern*

*19* **FARBE UND FORM** *Ballonaufrüsten*

EINS MIT DEM WIND

**VOLLGAS** *Brennerflamme*

19 **PERFEKT IN FORM** *Schwäbisch Hall*

**LIMES BALLOONING**

Limes Ballooning · Stefan Prestel GbR
Kleinkarolinenfeld 30 · 85653 Aying
Tel. 08095-871555 · Mobil 0172-8628969
Fax 08095-871556
info@limesballooning.de · www.limesballooning.de

EINS MIT DEM WIND

**SPARFLAMME**  *Gasbrenner*

22 / 23   **DEM NEBEL ENTKOMMEN**  *Schwäbisch Hall*

EINS MIT DEM WIND

**SCHWEBENDE VIER**  *Frauenfeld, Schweiz*

EINS MIT DEM WIND

**LUFTZUG**  *Schwäbisch Hall*

EINS MIT DEM WIND

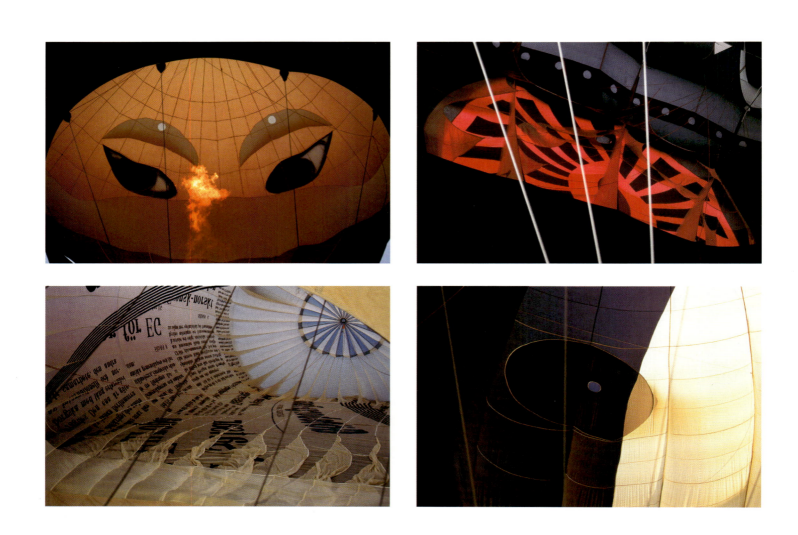

**HIMMLISCHE KUNST**  *Ballon-Sonderformen von innen*

EINS MIT DEM WIND

**FLUCHT IN DIE SONNE**  *Schwäbisch Hall*

28 / 29  **SPIELEREIEN**  *Schwäbisch Hall / Prag*

EINS MIT DEM WIND

**LANDSCHAFTSMUSTER**  *Aus der Vogelperspektive*

30 / 31  **FUCHSJAGD**  *Schwäbisch Hall*

EINS MIT DEM WIND

**INDUSTRIETHERMIK** *Leipzig*

34 / 35   **HERBSTMORGEN AM CHIEMSEE** *Oberbayern*

EINS MIT DEM WIND

VON OBEN UND VON UNTEN  *Moorsee, Oberbayern*

EINS MIT DEM WIND

**ZUM MOND**  *Ballonfahrer-Traum*

38 / 39  **FEUERBALL**  *Antholing, Oberbayern*

EINS MIT DEM WIND

INSELSTART  *Moldau, Prag*

40 / 41  **RENDEZVOUZ MIT TAUSEND TÜRMEN**  *Prag*

EINS MIT DEM WIND

**FLIGHTSEEING**  *Prag*

EINS MIT DEM WIND

ÜBER LAND  *Sachsen*

EINS MIT DEM WIND

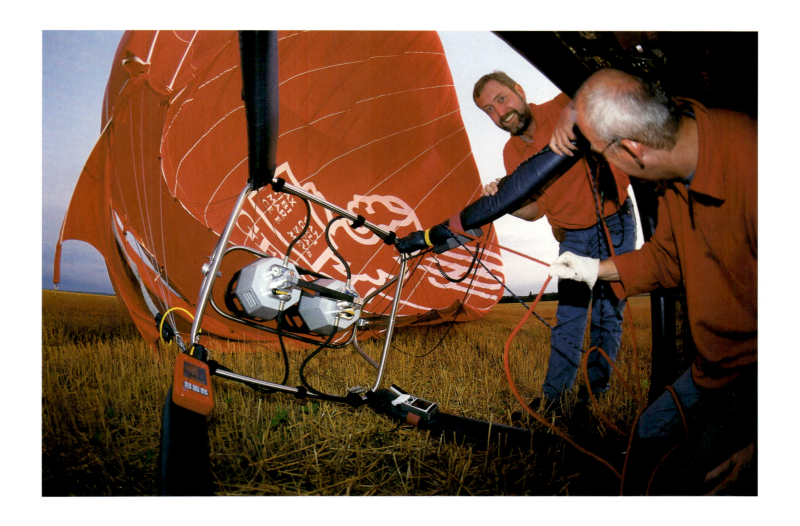

**SCHLEIFLANDUNG**  *Prag*

46 / 47  **SPIEGELBILD**  *Abwasserkanal, Leipzig*

EINS MIT DEM WIND

**STARTKLAR**  *Schwäbisch Hall*

EINS MIT DEM WIND

**MORGEN ÜBER DER ALB** *Schwäbisch Hall*

50 / 51 **SPOTLIGHT** *Chiemsee, Oberbayern*

EINS MIT DEM WIND

**HÄUSERMEER** *München*

53 **HEIMSPIEL** *München*

# Wind, Sand und Steine

■■■ November in Mitteleuropa bedeutet fast immer Schmuddelwetter und damit das Aus für Ballone. Nicht so in Nordafrika: Tunesien, die Sahara-Randzonen – dort herrschen günstige Bedingungen vor. Entsprechend gut besucht ist die jährliche *Montgolfiade du Sahara*. Wir sind dabei, wollen Erfahrungen sammeln in diesem überdimensionalen Sandkasten, den man Sahara nennt.
■■■ Die Windrichtung läßt erwarten, daß die Eröffnungsfahrt direkt über eine Stadt geht. Die flach stehende Sonne am späten Nachmittag taucht *Médénine*, eine Kleinstadt am Rand der Wüste, in warmes Licht. Begleitet von den Trommelrhythmen einer Folkloregruppe und verfolgt von den Blicken begeisterter Zuschauer heben wir ab in den Abendhimmel über Afrika. Unten spielt sich das Leben fast ausschließlich in den Innenhöfen der Häuser ab. Doch die Sicht aus dem Ballonkorb gewährt Einblicke, die dem Fußgänger verwehrt bleiben. Menschen winken herauf, und die Begeisterung der Kinder für dieses Schauspiel ist auch in hundert Metern Höhe noch unüberhörbar. Nur einige Frauen ziehen vorsorglich den Schleier vors Gesicht – man weiß ja nie… ■■■ Diesmal kauert die Sonne noch hinter dem Horizont, als wir startbereit sind. Es kann losgehen – keinen Moment zu spät, denn wenn die Sonne hochkommt, frischt der Bodenwind auf. Oft bläst er dann zu kräftig für einen Ballonstart. Wir heben rechtzeitig ab, steigen dem Sonnenaufgang entgegen, warten zweihundert Meter über Grund auf ihn. Noch ist keine eindeutige Windrichtung auszumachen. Gemeinsam mit anderen Ballonen dümpeln wir umher, wagen uns dann über die Tafelberge hinaus. Goldgelb leuchten die steinigen Hochflächen in der Morgensonne, während die blauen Schatten noch in den Schluchten ruhen. Die Luft ist kühl und klar, Zeit zum Durchatmen. Das GPS-Instrument zeigt an, daß wir Fahrt aufnehmen. Jetzt, mit Wind, können wir auch tiefer gehen, in die Schluchten hinein. Gefährlich nahe treiben wir an einen Felsturm ran, aber Stefan, unseren Piloten, läßt das kalt. Er vertraut dem Düseneffekt, der den Ballon, wie von Geisterhand, genau zwischen zwei Felstürmen hindurchschiebt. So scheint es auch eine Art von horizontaler Steuerung zu geben, eine passive, die auf Naturgesetzen und ihrer Kenntnis beruht. Bei jeder Fahrt erleben wir dieses Paradoxon auf verschiede Weise, aber es ist immer das gleiche: Man überläßt sich der Natur und bekommt doch, was man will. Wenn man sie versteht. ■■■

EINS MIT DEM WIND

**IM SANDMEER** *Ksar Ghilane, Tunesien*

EINS MIT DEM WIND

**WEGBEREITUNG**  *Ksar Ghilane, Tunesien*

EINS MIT DEM WIND

**LANDSCHAFTSMUSTER**  *Tataouine, Tunesien*

EINS MIT DEM WIND

**GRUSS AN DIE FREMDEN** *Kairouan, Tunesien*

60 / 61 **ARCHAISCHE LANDSCHAFT** *Douirat, Tunesien*

EINS MIT DEM WIND

**TIEFE TÄLER** *Douirat, Tunesien*

EINS MIT DEM WIND

**LANGE SCHATTEN**  *Tataouine, Tunesien*

EINS MIT DEM WIND

**BLAUE BERGE**  *Douirat, Tunesien*

# EINS MIT DEM WIND

**WÜSTENSPEKTAKEL**  *Schleiflandung, Tunesien*

66 / 67   **MORGENDUNST**  *Tataouine, Tunesien*

EINS MIT DEM WIND

**STARTVORBEREITUNG**  *Metameur, Tunesien*

EINS MIT DEM WIND

**BROT UND SPIELE**  *Römisches Theater El Djem, Tunesien*

70 / 71  **SAND UND SALZ**  *Tozeur, Tunesien*

# EINS MIT DEM WIND

**STILLE BEGEISTERUNG**  *Oase Nefta, Tunesien*

EINS MIT DEM WIND

**ABSCHIED VOM TAG**  *Chott el Djerid, Tunesien*


75 / 76  **VERLOREN IM SAND**  *Oase Ksar Ghilane, Tunesien*

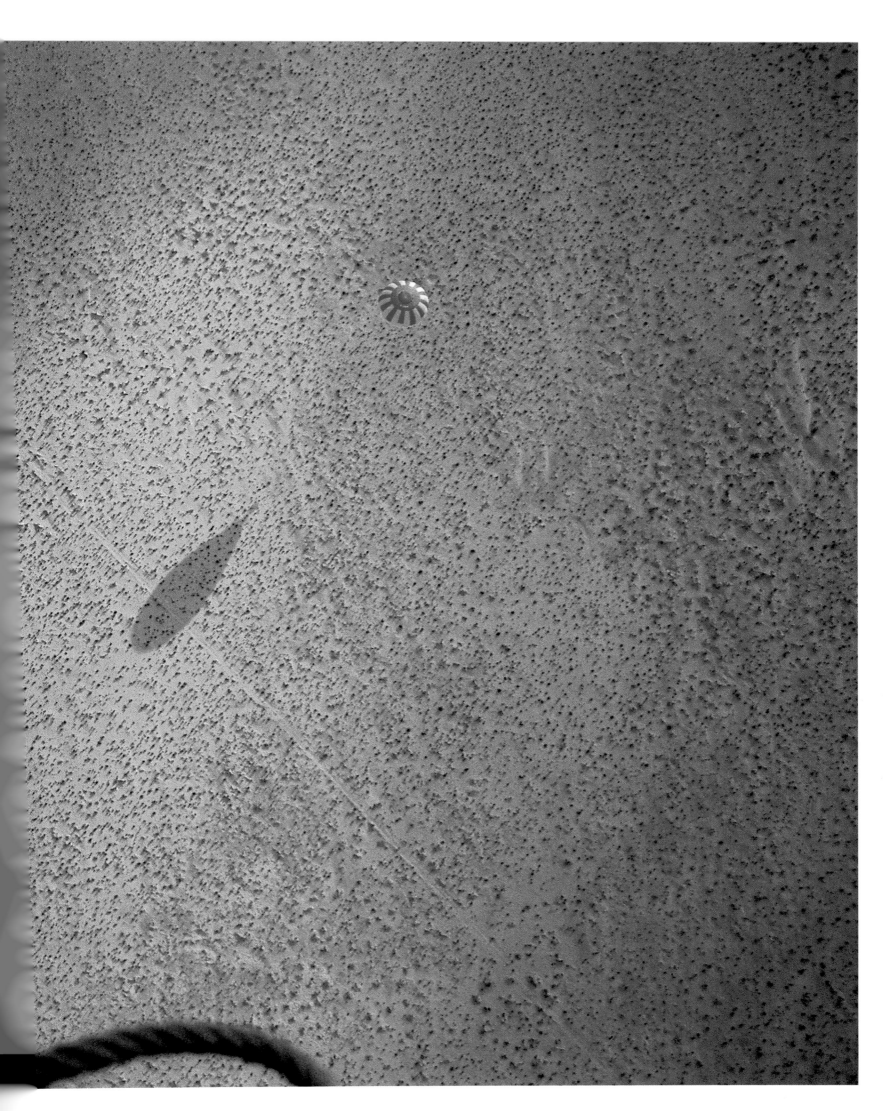

EINS MIT DEM WIND

**KONTURENFAHRT**  *Tataouine, Tunesien*

76 / 77  **DIE KALTRONT NAHT**  *Oase Ksar Ghilane, Tunesien*

EINS MIT DEM WIND

**OLIVENHAINE**  *Kairouan, Tunesien*

EINS MIT DEM WIND

**MIT DEN ERSTEN SONNENSTRAHLEN** *Kairouan, Tunesien*

EINS MIT DEM WIND

**NATUR UND KULTUR**  *Douirat, Tunesien*

EINS MIT DEM WIND

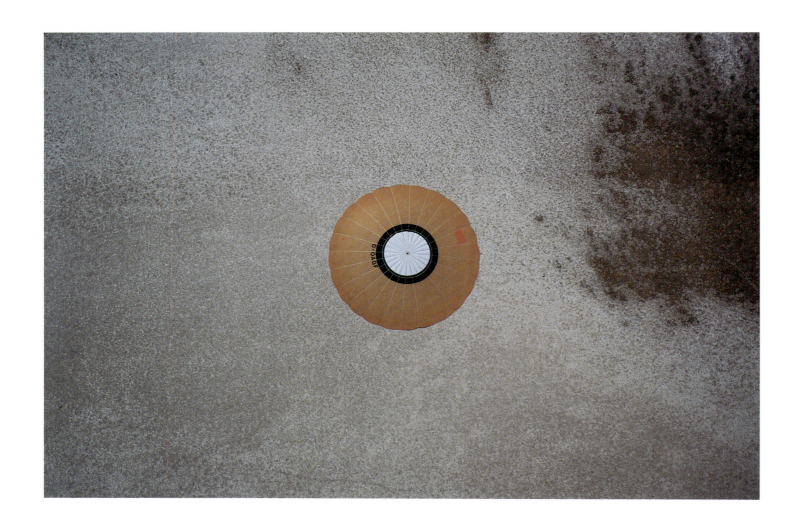

**FARBE IM SCHWARZWEISS** *Chott el Cherid, Tunesien*

EINS MIT DEM WIND

**PLUTONIUM-TRANSPORT?** *Chott el Cherid, Tunesien*

84 / 85 **FRÜHSPORT** *Touzeur, Tunesien*

EINS MIT DEM WIND

**WÜSTENHIMMEL**  *Chott el Cherid, Tunesien*

EINS MIT DEM WIND

**ENDE EINER REISE** *Chott el Cherid, Tunesien*

*Eins mit dem Wind*

# There is Hope!

■■■ ›In Irland gibt's ja nur Regen, viel, viel Wind, eine Menge Pubs und dieses dunkle Bier.‹ Wer kommt schon auf die Idee, dort Ballon fahren zu wollen? Vorurteile sind da, um widerlegt zu werden. Zumindest denken so die Veranstalter der *Sligo Balloon Fiesta*, und sie stoßen damit nicht nur auf Resonanz bei einheimischen Ballonfahrern, sondern locken jedes Jahr auch Ballonteams vom Festland auf die grüne Insel. Dann wird der kleine Provinz-Flughafen von Sligo zum Mekka der irischen Ballonenthusiasten.
■■■ ›Gentlemen, there is hope!‹ Mit diesen Worten beginnt der Meteorologe fast jedes Briefing und meint damit, daß der Wind sich abschwächen wird und die Regenfront bald vorüberzieht. Sein Wort in Gottes Ohr. Im Park von Markree Castle rüsten bereits einige Ballonteams zur ersten Wettfahrt. Wir bezeugen unseren Respekt und begnügen uns mit der Zuschauerrolle. Die an starken Wind gewohnten Ballonfahrer von der Insel lassen sich aber nicht abschrecken. Gespannt verfolgen wir, wie ihre Ballone bei jeder Böe hin und her schwanken, knapp vorbei an den Ästen der knorrigen Bäume. Prall gefüllt mit heißer Luft zerren sie ungeduldig an ihren Halteleinen, drängen in ihr Element. Pflopp – wie Sektkorken schießen sie gen Himmel, werden davongetragen von der frischen Atlantikbrise. ■■■ ›It's on pilots' decision!‹ Nachdem wir uns auf ein paar Fahrten mit den ortsüblichen Bedingungen vertraut gemacht haben, starten wir zum First Border Cross Meeting: Enniskillen–Sligo. Es gilt, als erstes Team die irisch-irische Grenze im Ballon zu überqueren, was aufgrund der politischen Entwicklung erst jetzt möglich ist. Anne, die aus Sligo kommt, fungiert als ›Navigator‹. Als Irin ist sie besonders stolz darauf, bei diesem Event dabei zu sein. Wir lassen uns Zeit mit dem Start – die Cracks sind sowieso schon vorneweg, nehmen in Bodennähe Kurs auf die Grenze. Wir steigen fast an die Wolkenbasis, genießen den Blick auf die weitverzweigte Seenplatte unter uns. Die Regenwolken einer Mini-Warmfront fließen aus, einige Ballonhüllen glänzen bereits naß. Jetzt landen? Wir haben noch nichts abbekommen, merken aber, daß wir gegenüber den tiefer Fahrenden ständig aufholen, denn unten im Regen ist der Wind eingeschlafen. Am Lower Lough Macnean holt unser Ballon den führenden ein – und der Regen uns. Dank unserer größeren Höhe machen wir noch Fahrt, können am Spitzenreiter vorbeiziehen. Mit knappem Vorsprung überqueren wir die künstliche Grenze, begleitet vom Trommelwirbel der Regentropfen auf unserer Hülle. ■■■

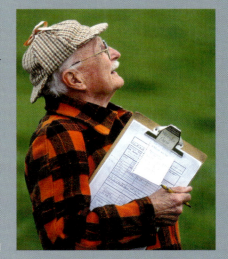

EINS MIT DEM WIND

**EINBLICKE** *Sligo, Irland*

EINS MIT DEM WIND

**GRÜNE INSEL** *Sligo, Irland*

92 / 93  **BALLON-REGATTA** *Sligo, Irland*

EINS MIT DEM WIND

**WIND-EI?** *Ein-Mann-Ballon, Sligo, Irland*

94 / 95  **NASSE FÜSSE** *Sligo, Irland*

EINS MIT DEM WIND

**ANGEBISSENER SCHATTEN**  *Sligo, Irland*

98 / 99  **UNSICHTBARE GRENZE**  *Nordirland / Republik Irland*

EINS MIT DEM WIND

**RAINY DAY**  *Enniskillen, Irland*

EINS MIT DEM WIND

**WOLKENBASIS** *Sligo, Irland*

EINS MIT DEM WIND

**NATÜRLICHE FEINDE ...**  *Sligo, Irland*

EINS MIT DEM WIND

... VOM LEIB GEHALTEN  *Sligo, Irland*

*104 / 105*  **ANNÄHERUNG**  *Sligo, Irland*

EINS MIT DEM WIND

**FEUERSPUCKER** *Sligo, Irland*

EINS MIT DEM WIND

ÜBERBLICK GEWINNEN  Sligo, Irland

108 / 109  SPARFLAMME  Sligo, Irland

# EINS MIT DEM WIND

**AUF TUCHFÜHLUNG** *Sligo, Irland*

EINS MIT DEM WIND

**VORBEREITUNG IN SCHICHTEN** *Sligo, Irland*

EINS MIT DEM WIND

# Miteinander

■■■ Untrennbar verbunden mit dem Fliegen ist die Vorstellung vom Fall, vom Sturz ins Bodenlose. Das macht Angst. Fallschirmspringer haben gelernt, sie zu überwinden, denn sie wissen: Der Fall wird gebremst. Ein Absprung aus dem Heißluftballon ist für sie dennoch immer ein ganz besonderer Kick – abgesehen davon gehört diese Art des Aufstiegs zu den exklusiven Möglichkeiten, die nötige Ausgangshöhe zu erreichen. Die Übersicht und der permanente Bezug zur Höhe fordern vom Springer eine tiefere mentale Vorbereitung als beim Sprung aus dem Flugzeug. Kein Motorenlärm, kein Gruppenzwang, keine Windgeräusche lenken von dem Zweck ab, zu dem man in den Himmel steigt. Das Unausweichliche ist stets präsent. Selbst routinierten Springern ist die Ruhe im Ballonkorb unheimlich. Beim Ausstieg aus dem Flugzeug hingegen ist die Luft immer als Fahrtwind präsent. Akustisch und physisch, indem sie am Körper zerrt. So macht sie schon vor dem Absprung stets auf sich aufmerksam: als Medium, das dem Körper Widerstand bietet und dafür sorgt, daß der Fallschirm sich öffnen, der Springer abgebremst landen kann. Beim Ausstieg aus dem Ballonkorb versteckt sich die Luft. Ist ›da draußen‹ überhaupt etwas? Während der Tandem-Master seinen Passagier auf den Freifall vorbereitet und sanft an den Korbrand bugsiert, kann dieser die Spannung kaum mehr ertragen. Adrenalin schießt bis in die letzten Winkel des Körpers. ■■■ Ready – set – go! In Zeitlupe kippt das Bündel Mensch vornüber, stößt sich ab vom Korbrand, verschwindet rasend schneller werdend in der Tiefe. Öffnet der Schirm? Luft anhalten bis zu dem Augenblick, in dem das bunte Tuch herausquillt, die geöffnete Kappe sich vom Boden abzeichnet und dem Ballonfahrer signalisiert: alles im ›grünen Bereich‹. ■■■ Ebenso spannend, aber ganz anders, verläuft das Miteinander von Gleitschirm, Drachen und Ballon. Im Gegensatz zu Fallschirmspringern, die den Kick im freien Fall suchen, finden Gleitschirm- und Drachenflieger das Glück im genußvollen Abgleiten aus großer Höhe. Unterm Ballon hängend wird schon der Aufstieg zum Erlebnis. Die Trennung dann, der Übergang vom Fahren zum Fliegen, beginnt mit einem kurzen Fall – bis das ausgeklinkte Gerät schnell genug ist, um zu einem tragenden Flügel zu werden. Das spielerische Miteinander kann beginnen. Während der Ballon, seiner Last entledigt, groß und majestätisch wie ein Planet das Zentrum des Geschehens bildet, übernimmt der Flieger die Rolle eines Satelliten auf frei gewählter Umlaufbahn. Nur die Anziehungskraft der Erde setzt dem Spiel am Himmel ein Ende. ■■■

EINS MIT DEM WIND

**VORBEREITUNG ZUM TANDEM-SPRUNG** *Ampfing, Oberbayern*

EINS MIT DEM WIND

**KEIN ZURÜCK!** *Ampfing, Oberbayern*

116 / 117 **ADRENALIN PUR** *Ampfing, Oberbayern*

EINS MIT DEM WIND

**KEINE ANGST!** *Ampfing, Oberbayern*

EINS MIT DEM WIND

**FOLLOW ME**  *Ampfing, Oberbayern*

*120 / 121*  **FÜR SEKUNDEN EIN VOGEL**  *Ampfing, Oberbayern*

EINS MIT DEM WIND

**ANGEHÄNGT** *Gleitschirm fertig zum Luftstart*

*122 / 123* **EXKLUSIVER AUFSTIEG** *Gleitschirm im Schlepp*

EINS MIT DEM WIND

**ABGEHÄNGT**  *Übergang vom Fahren zum Fliegen*

126 / 127  **MITEINANDER**  *Gleitschirm umkreist Ballon*

EINS MIT DEM WIND

**LOSGELÖST**  *Ballonperspektive*

129  **LANDEANFLUG**  *Gleitschirmperspektive*

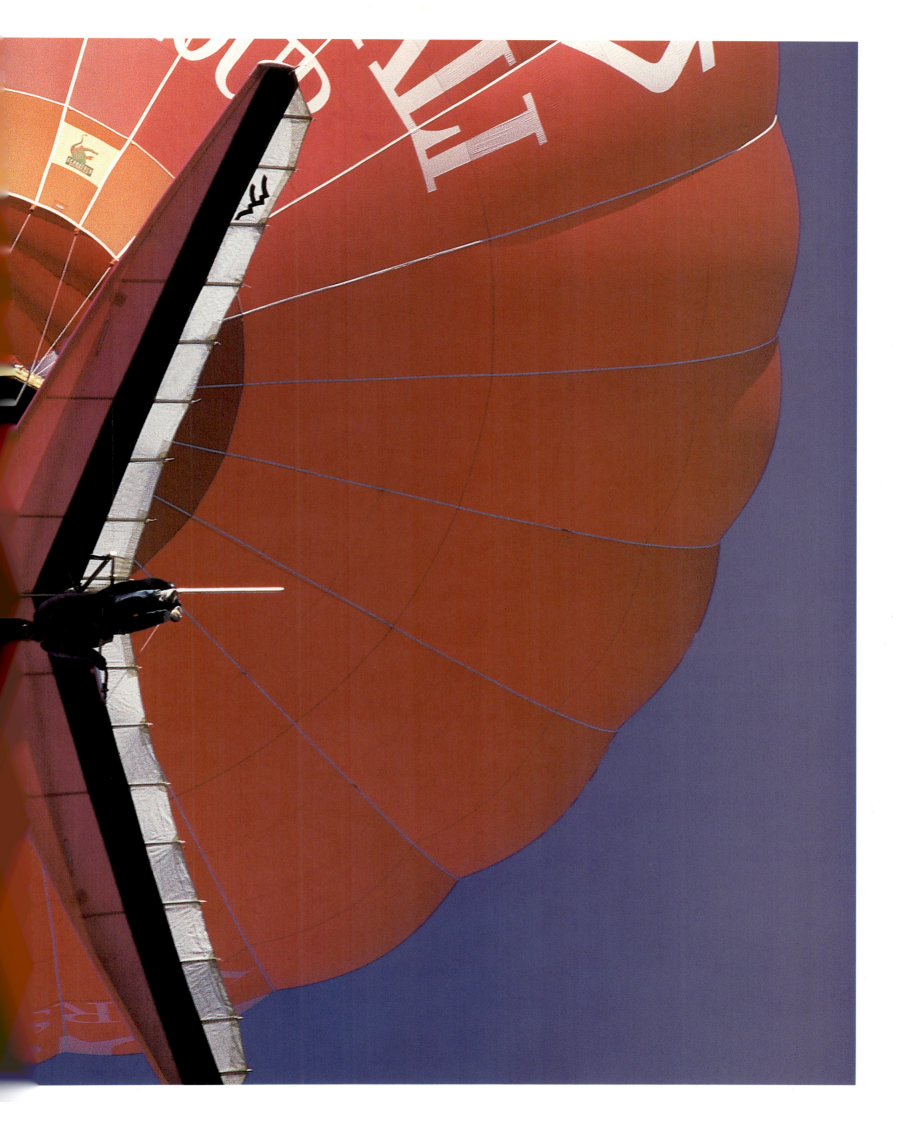

EINS MIT DEM WIND

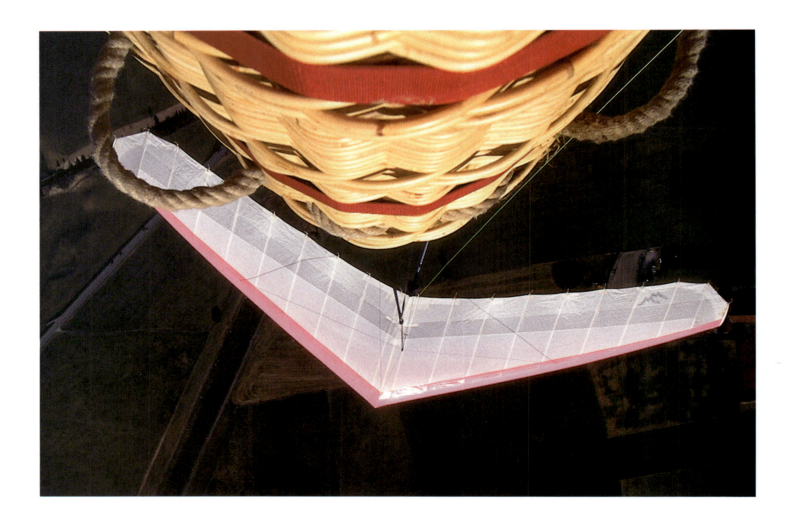

**AN DER NABELSCHNUR** *Unterm Ballonkorb*

130 / 131 **FAHRSTUHL IN DEN HIMMEL** *Bequem auf Höhe*

EINS MIT DEM WIND

**WEIT ÜBERM HORIZONT**  *Nach dem Start vom Ballon*

134 – 137  **FLIEGEN UND FAHREN**  *Lustvoll durch die Luft*

EINS MIT DEM WIND

# Winterballooning

■■■ Eiskalt ist dieser Morgen. Sehnsüchtig haben wir ihn erwartet. Der Flugwetterdienst meldet in 4000 Meter Höhe Wind aus Nord mit 110 Stundenkilometern. Perfekte Bedingungen – wenn nur dieser verdammte Bodenwind nicht wäre. Für sieben Uhr war der Start bei Bad Tölz angesetzt. Ausharren. Mit jeder Minute schwindet die Hoffnung, daß der Wind nachläßt. Nur nicht aufgeben. Nicht jetzt, wo die Wetterkonstellation da ist, auf die alle so lange gewartet haben. So schnell kommt sie nicht wieder – es ist März und die Saison für Alpenüberquerungen bald vorbei. Die Pausen zwischen den Windböen werden länger. Die Piloten der drei Ballone beraten sich – sie wollen es wagen. Alle fassen mit an, um die Hüllen zu bändigen, die der Wind mitnehmen will. Endlich stehen die Ballone, kurz nacheinander heben sie ab. ■■■ Tief unten das Inntal, voraus der Alpenhauptkamm. Vereinzelt ragen die höchsten Gipfel und Grate aus den Resten der Staubewölkung. Und wir gut zweieinhalbtausend Meter darüber. Aber was ist das schon, angesichts dieser unfaßbaren Weite, die unmittelbar am Korbrand beginnt und ins Nirgendwo führt. Unendlich einsam ist es hier oben, zu zweit aber zu ertragen. Das All erscheint uns näher als die Erde. Wir sprechen kein Wort zuviel. Was getan werden muß, wird schweigend erledigt. Schon geraume Zeit fahren wir in Höhen zwischen fünf und sechstausend Metern überm Meeresspiegel; hier finden wir die richtige Drift. So weit weg von der Erde empfinden wir die Bewegung wie Stillstand, obwohl wir mit über einhundertdreißig Kilometer in der Stunde dahinjagen. Das Atmen fällt schwer, die Sauerstoffmaske ist nicht bequem, aber unverzichtbar. Minus fünfundzwanzig Grad kalt ist die Luft hier oben – nicht gerade mild, aber bei Windstille und Sonnenschein erstaunlich gut auszuhalten. Brennerpaß und Alpenhauptkamm liegen bereits zurück, unter uns der Ort Sterzing. Als silbernes Band, umgeben von kahlen, braungrauen Obstplantagen, blinkt die Autobahn aus dem Eisacktal herauf. Rechter Hand am Horizont zeigt sich schon der Gardasee. Wo mögen die Verfolger sein? Bei diesem Wind haben sie am Boden keine Chance mitzuhalten. Wir sinken tiefer, die Fahrt wird langsamer. Voraus im Dunst Verona. Jetzt noch in der Arena landen, das wär's! Doch der Wind will es anders. Steuern lassen sich Gedanken, Ballone nur sehr begrenzt – vor allem bei Thermik. Südlich von Verona, auf einem Acker, empfängt die Erde uns wieder, nach wunderbaren drei Stunden und zweiundfünfzig Minuten. Die Landung erregt Aufsehen, man heißt uns mit Rotwein willkommen und hilft beim Einpacken des Ballons. Ein Traum ist wahr geworden. ■■■

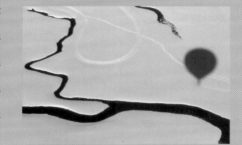

EINS MIT DEM WIND

**SCHNEE UND EIS** *Alpenüberquerung*

EINS MIT DEM WIND

**SAUERSTOFFDUSCHE**  *Alpenüberquerung*

142 / 143  **WOLKENMEER**  *Alpenüberquerung*

EINS MIT DEM WIND

**TRAUMKULISSE** *Alpenüberquerung*

EINS MIT DEM WIND

**FLUGPLATZ VERONA**  *Überquerung vollendet*

146 / 147  **EISIGE STILLE**  *bei 130 Stundenkilometer*

EINS MIT DEM WIND

**ANZIEHUNGSKRAFT**  *Thannheimer Tal, Österreich*

148 / 149   **HEISSER OFEN**  *Doppelbrenner*

EINS MIT DEM WIND

**ANNÄHERUNG**  *Zell am See, Österreich*

152 / 153  **GEGENSÄTZE**  *hoch und tief*

# EINS MIT DEM WIND

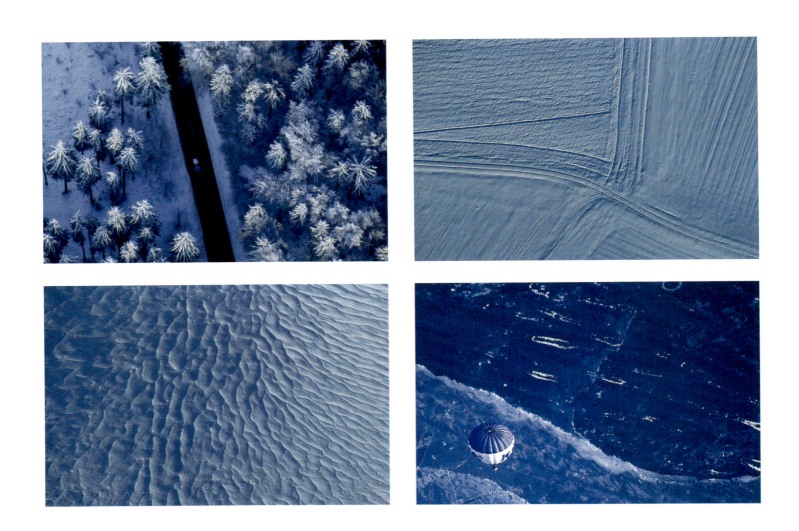

**SICHTBAR VERHÜLLT**  *Bodenstrukturen im Schnee*

154 / 155  **HIGH ADVENTURE**  *Zell am See, Österreich*

EINS MIT DEM WIND

**BLAU IN BLAU** *Thannheimer Tal, Österreich*

158 / 159 **WINTERSONNE** *Thannheimer Tal, Österreich*

EINS MIT DEM WIND

### HINTERM HORIZONT GEHT'S WEITER

*Besonderen Dank für Mitwirkung und Unterstützung bei Realisierung dieses Projektes an:*
Sabine Bayer · Reinhard Dietl · Angelika Gallin · Hannes Graile · Steven Greenroyd · Charles Kunow · Steffen Lipps · Roger Scharnitzky
Stefan Prestel · Jan Smrcka · Alexander Schnitzer · Sepp Singhammer · Uwe Suthmann · Peter Wolter

Professional Picture Processing GmbH

LIMES BALLOONING